NOTICE BIOGRAPHIQUE

SUR MONSIEUR

Matthieu - Placide Rusand.

NOTICE BIOGRAPHIQUE

sur Monsieur

Matthieu-Placide Rusand

ANCIEN IMPRIMEUR DU ROI;

Par M. l'Abbé A. M.

Operatus est bonum, et rectum, et verum
coram Domino... Fecitque et prosperatus est.
(Paralipom.)

PARIS,

IMPRIMERIE DE POUSSIELGUE,
rue du Croissant, n. 12.

1840

NOTICE BIOGRAPHIQUE

SUR MONSIEUR

MATTHIEU-PLACIDE RUSAND,

Ancien Imprimeur du Roi.

Quand la mort vient à frapper un homme distingué dans les lettres, dans les sciences, dans la magistrature, la politique ou la guerre, on s'empresse d'offrir à sa mémoire un tribut d'éloges, en redisant ses actions d'éclat, ses services, ses droits à la reconnaissance et au souvenir de la patrie... Mais l'homme vertueux, faisant le bien sans éclat et sans bruit, n'aurait-il aucun droit au souvenir de ses semblables, et parcequ'il a été modeste devra-t-il rester à jamais oublié? A la vérité, il n'a pas publié de sublimes théories sur la bienfaisance, ni prononcé de pompeux discours sur la morale;

mais il a enseigné aux autres la pratique des vertus d'une manière bien plus éloquente et plus persuasive ; je veux dire par les exemples qu'il en a constamment donnés. Nous devons donc au citoyen irréprochable, au chrétien pur et dévoué un souvenir, un hommage, et voilà le premier motif qui nous a engagé à donner une notice sur M. Rusand.

De plus nous avons cru nous rendre utile aux hommes du monde en leur offrant l'exemple d'une vertu douce et facile, dont l'imitation n'excédera pas leurs forces. Bien des gens négligent les pratiques de la religion, parcequ'ils s'imaginent que la piété dessèche les sentiments tendres du cœur, qu'elle répand dans l'âme la tristesse et la froideur, et qu'elle absorbe toutes les jouissances de la vie. Mais donnez-nous un homme pieux qui, tout en observant les devoirs du chrétien, se montre sensible à l'amitié, délicat et obligeant dans ses rapports de société, compatissant aux cris de la misère, calme et résigné dans les divers événements de la vie ; alors les préjugés tombent, une secrète émulation s'empare des témoins de ces vertus, leur enthousiasme naturel pour tout ce qui est bon, noble et généreux se réveille, et dans un transport d'admiration ils s'écrient : Faisons de même.

M. Matthieu-Placide Rusand naquit à Lyon le 2 janvier 1767. Ses parents par leur probité avaient acquis la confiance générale dans le commerce de la librairie. Il fit ses premières études au collége de Beaujeu , qui, dirigé par des maîtres habiles, jouissait alors d'une grande réputation. Quelques années après il vint étudier la logique et la physique à Lyon, au séminaire de Saint-Irénée, où se réunissait toute la jeunesse distinguée de la ville. On pensait alors, et à juste titre, que les sulpiciens, qui avaient contribué à donner Fénelon à la France, pouvaient bien encore former des hommes capables d'honorer leur patrie ; et nos pères avaient le bon sens de croire que leurs enfants devaient étudier avec les sciences la religion, la première de toutes et la seule qui puisse empêcher les autres de se corrompre. Jusque là on avait observé dans M. Rusand un fonds riche et fécond, une constance d'idées rare à cet âge, une foi vive, surtout une sensibilité exquîse ; mais c'est à Saint-Irénée que ces qualités commencèrent à paraître avec éclat et à se développer rapidement, dirigées qu'elles étaient par des mains si exercées et si habiles.

En effet M. Rusand ne tarda pas à se faire remarquer par son exacte régularité, son travail assidu et ses succès. Ses formes étaient aimables sans affectation, sa religion était sincère sans avoir rien de dur ; ses conversations, pleines d'agrément et d'intérêt, révélaient un caractère noble, un esprit cultivé, et lui conciliaient l'estime et l'affection générale ; aussi, selon l'expression du vénérable supérieur du séminaire de Lyon, M. Gardette, alors condisciple de M. Rusand, c'était un besoin pour tous d'avoir avec lui des rapports d'amitié. Parmi ses compagnons d'études se trouvaient aussi MM. Camille Jordan, Ravez, de Gérando. Ces hommes, que le dévouement au bien public et des talents distingués ont rendus si utiles et ont élevés aux grandes dignités de l'état, surent apprécier M. Rusand, et dès ce moment ils l'estimèrent; aussi, quoique jetés loin de leur pays au milieu des agitations tumultueuses, des événements et des distractions inséparables de la magistrature, de la politique et des sciences, ils conservèrent toujours un souvenir affectueux de leur ancien ami.

Pendant son séjour au séminaire de Lyon M. Rusand, tout en s'occupant d'études, n'oubliait pas l'affaire importante du jeune homme, je veux dire sa vocation ; persuadé qu'elle ne doit pas être le fruit d'un caprice, mais d'une inspiration céleste, convaincu qu'une erreur en cette matière met l'homme dans une lutte continuelle avec lui-même, il s'appliqua soigneusement à connaître la position où la Providence l'appelait. D'après la suite de sa vie on peut croire que cette connaissance lui fut accordée.

Enfin les cours sont achevés, et M. Rusand prend place dans le monde, riche de foi et de vertus, avec des talents et des connaissances variés, avec l'habitude du travail, enfin avec un zèle fortement prononcé pour les principes conservateurs de la société, la soumission aux lois de Dieu, l'obéissance au souverain, le dévouement à la patrie et l'amour de ses semblables. Suivons-le dans la modeste carrière qui s'ouvre devant lui. Sa mère, veuve depuis plusieurs années, avait continué le commerce de la librairie dans l'espérance de le remettre un jour à son fils. M. Rusand, avec l'aplomb d'un homme mûr, remplace cette bonne mère, et commence ses opérations commerciales. En peu de temps sa vigilance, son activité et surtout sa religieuse probité lui acquièrent des relations étendues et honorables. Le clergé lui accorda sa confiance la plus entière ; il la méritait, et sut la conserver constamment par le soin qu'il mit toujours à éloigner de sa maison les livres dangereux et séducteurs, et à réunir les ouvrages les plus utiles au sacerdoce, les plus capables de contrebalancer le mal que les mauvais livres propageaient en France.

A cette époque critique, où le pays sortait d'une cruelle révolution sans savoir ce qu'il allait devenir, les séductions se multipliaient autour de la jeunesse ; le génie du mal, qui depuis longtemps planait sur la France, menaçait toujours d'envahir ou de paralyser tous les éléments du bien et d'ensevelir la religion sous les ruines de la monarchie. M. Rusand voulut se mettre en garde contre le torrent. Persuadé que l'homme seul a peu de force, mais qu'en se joignant à d'autres il pourra briser l'obstacle et triompher des difficultés, il s'unit à quelques amis pieux pour s'exercer tous ensemble à la pratique des bonnes œuvres et s'encourager mutuellement à la vertu. Dans leurs réunions, ils se rappelaient les bons conseils qu'avait reçus leur enfance, et tous ils juraient de lutter contre les progrès du mal, de mourir plutôt que de renier jamais leurs croyances religieuses et monarchiques. Quel beau spectacle que celui d'une nombreuse jeunesse qui s'efforçait de réagir contre les désordres du temps !

La société chancelante menaçait ruine ; la pieuse réunion, dans sa généreuse audace, essayait de soutenir l'édifice social prêt à s'écrouler. Hélas ! ce fut en vain ; Dieu, qui voulait châtier le monde, ouvrit les portes de l'abîme : l'anarchie et l'impiété s'échappant de son sein, la France en un instant n'offrit plus qu'un spectacle de désordres, de scandales et de ruines.

Lyon ne se précipita pas dans les excès de la capitale, grâce à la lutte de quelques hommes de bien contre le parti jacobin et les autorités conventionnelles. Au contraire, à mesure que les crimes des assemblées nationales se multipliaient, le mécontentement de nos concitoyens se faisait plus vivement sentir. Enfin à la nouvelle de la mort tragique de Louis XVI on vit éclater une indignation générale. Furieux de ces démonstrations publiques de mécontentement, les chefs de la municipalité font arrêter douze cents personnes, taxent le commerce d'un impôt de six millions, et préparent un massacre. Les Lyonnais, fatigués de tant d'outrages, prennent enfin les armes, et brisent leurs chaînes sur la tête de leurs tyrans. Bientôt la convention pour venger les ministres de sa tyrannie fait marcher contre la ville une armée formidable; mais les Lyonnais, avec le sang-froid que donne le courage et qu'inspire le sentiment du devoir, ressaisissent leurs armes, et se préparent à défendre leur cité sous la conduite du magnanime de Précy. M. Rusand, qui croyait qu'un homme d'honneur doit à son pays tout ce qu'il a, son repos, sa fortune et son sang, s'arrache à une famille chérie, et vient grossir les rangs de l'armée, où s'étaient déjà réunis une foule de braves aussi remarquables par la noblesse de leurs sentiments que par celle de leur naissance, et dont l'histoire a placé les noms parmi ceux des personnages qui ont le plus honoré l'humanité dans la suite des âges.

L'activité et l'intelligence de M. Rusand ne tardèrent pas à être remarquées, et un des généraux le nomma son aide-de-camp. On sait assez les prodiges de valeur de cette poignée d'hommes, qui pendant deux mois tinrent en échec soixante mille hommes réunis autour de la ville.

Cependant après une longue résistance il fallut

céder au nombre , et Lyon ouvrit ses portes aux vainqueurs. Quand les païens voyaient la fortune abandonner leurs drapeaux ou un désastre ensanglanter leur pays ils s'en prenaient aux dieux, et brisaient leurs statues..... Mais nos braves concitoyens avaient foi en la Providence : leurs cœurs généreux se crurent dédommagés par la satisfaction d'avoir rempli un devoir ; aussi les vit-on calmes après la défaite comme au jour du triomphe. Les uns, M. de Précy à leur tête , se firent jour à travers les feux de l'ennemi, et parvinrent après mille combats et mille dangers à gagner la terre étrangère ; les autres retournèrent dans leurs foyers pour protéger leurs familles : M. Rusand fut de ce nombre. Son cœur, toujours plein des sentiments de la piété filiale , oublia les périls qui le menaçaient pour ne songer qu'à sa mère. Il revint donc auprès d'elle ; mais il ne put longtemps jouir du repos de la vie domestique. Des commissions furent organisées pour juger ceux qui avaient pris part à l'insurrection ; et la guillotine, trop lente au gré des bourreaux, fit place à la mitraille , qui moissonna chaque jour un grand nombre de victimes. M. Rusand , signalé comme un des braves de l'armée lyonnaise, devint l'objet des recherches les plus actives, et ses amis lui firent comprendre que pour se soustraire à la mort il ne lui restait qu'un moyen , l'émigration. La pensée d'abandonner une mère chérie dans des cir-

constances si orageuses remplit son âme d'amertume ; mais il n'y avait pas à balancer, le fer des
assassins était comme suspendu sur sa tête. Il em-
brasse sa mère, s'échappe travesti, et s'achemine
vers la Suisse.

S'il est un moment pénible dans la vie c'est sans
doute celui où se trouvait M. Rusand. Mais il puisa
dans sa foi l'énergie dont il avait besoin ; il se rap-
pela l'ange de Tobie, celui de Jacob fuyant Esaü,
et levant ses yeux vers le ciel : « Divine Providence,
dit-il, je me confie à vos soins ; veillez, je vous prie,
sur ceux qui me sont chers. » Son pas alors devint
plus ferme, et il s'éloigna plein de confiance et de
résignation. Bien des obstacles et des dangers se
présentèrent sur sa route ; mille fois il faillit être
reconnu ; mais son intelligence et son adresse le ti-
raient des mauvais pas.

Le voilà donc sur le chemin de l'exil. C'est là que
son âme va se perfectionner ; car les épreuves sont
mères des vertus, et les grands caractères se for-
ment ordinairement à l'école du malheur. Dieu, qui
le destinait à être un jour dans son pays un modèle
et un bienfaiteur de l'humanité, le soumit aux coups
de l'adversité, afin qu'ayant passé par la souffrance
et l'infortune son cœur devînt plus sensible aux
... ...bles.

... apprit que Fribourg
de proscrits, et que

des Lyonnais y avaient fixé leur retraite. Ce fut dans cette ville toute catholique qu'il alla chercher un asile.

A la première nouvelle de son arrivée une foule empressée accourt près de lui; on l'entoure, on le questionne : « Où en sont les affaires en France ? la bonne cause est-elle perdue ? » Les Lyonnais surtout le pressaient davantage. « Mon père, disait l'un, vit-il encore ? — Et ma mère et mes frères, disait l'autre, ont-ils échappé au glaive des assassins ?— Mes amis, disait M. Rusand, la patrie est en danger, oui; mais tout n'est pas perdu : sur la terre il nous reste la probité, la religion, l'honneur, et dans le ciel nous avons un appui; que sa volonté soit faite ! — Oui, que sa volonté soit faite, » disaient les exilés, et ils élevaient au ciel leurs yeux baignés de larmes.

La Suisse offre à l'homme qui la parcourt un vaste champ où il peut développer ses facultés : tout y parle à l'âme, et pour peu qu'elle soit chrétienne tout l'élève vers Dieu. Non, rien n'est imposant, rien n'est poétique au monde comme cette terre d'Helvétie, avec ses montagnes qui se dressent et se perdent dans la nue, avec ses vallons traversés dans tous les sens par des torrents et des cascades, avec ses lacs purs et limpides, qui semblent avoir été placés dans cette nature pour achever de l'embellir aux yeux du voyageur.

M. Rusand ne fut pas insensible à ce spectacle si nouveau pour lui ; mais il ne put consentir à faire de son exil une partie de plaisir, un voyage d'agrément. Nos princes mouraient sur l'échafaud ou bien erraient proscrits sur de lointains rivages ; la France entière, dans le deuil et la souffrance, gémissait sous l'oppression de ses bourreaux ; la joie et les plaisirs devaient donc être bannis de tout cœur vraiment français. Aussi M. Rusand ne s'arrêtait-il à contempler les beautés de la nature que pour s'élever jusqu'à Dieu, pour adorer sa puissante fécondité ; et, tout en admirant les créatures inanimées, il ne perdait pas de vue l'homme, la créature par excellence. Beaucoup de malheureux émigrés manquaient de secours ; il partagea avec eux le peu qu'il avait. On le voyait encourager la faiblesse, consoler les douleurs, sécher les larmes, calmer les impatiences. « Mes amis, disait-il, un peu de courage ! nous sommes tous pélerins et voyageurs sur la terre. Qu'importe que la route qui nous conduit soit stérile ou bordée de fleurs ! n'arriverons-nous pas tous au commun rendez-vous ? » C'est par ces soins et ce dévouement que M. Rusand se conciliait les cœurs. Aussi tous ceux qu'il rencontra sur son passage pendant les jours mauvais de l'émigration devinrent ses amis, et se rappelèrent toujours son souvenir avec tendresse et vénération. Tout à coup un bruit se répand de toutes parts : « les soldats vendéens ont triomphé des troupes révolutionnaires ; l'armée de Condé, déjà célèbre par son énergique valeur au combat de Bertheim, continue ses exploits sous les yeux du comte de Provence, qui vient d'arriver sur les bords du Rhin. » Ces nouvelles furent pour les émigrés comme des rayons d'espérance, et plusieurs résolurent d'aller offrir leurs services au noble chef de l'armée royaliste pour aider au triomphe de la monarchie.

M. Rusand fut du nombre de ces braves. Avant de partir il voulut avoir une assurance et un gage de la protection du ciel. Mgr d'Aviau, archevêque de Vienne et depuis archevêque de Bordeaux, se trouvait alors à Fribourg, où sa vertu, son zèle et ses autres qualités éminentes le rendaient l'objet de la vénération générale. M. Rusand, persuadé que la bénédiction d'un si saint pontife lui porterait bonheur, alla se jeter à ses pieds le priant de le bénir. Mgr d'Aviau leva les mains au ciel, et les abaissant sur la tête du jeune homme : « Allez, lui dit-il, allez combattre les combats du Seigneur ; Dieu vous sera en aide, mon fils, car vous faites son œuvre. » Plein de confiance et d'audace, M. Rusand, qui n'avait pas reculé devant le feu de l'ennemi au siége de Lyon, courut avec le même courage à de nouveaux dangers. Sa conscience était calme et tranquille ; que pouvait-il appréhender ? la mort n'effraie que le coupable et le méchant.

Arrivé au camp de Condé, sa joie fut grande de se voir au milieu de ces hommes généreux qui formaient les rangs de l'armée. C'étaient le comte de Provence, le duc de Berry, le prince de Condé, le duc de Bourbon, le brave mais infortuné d'Enghien; c'étaient l'élite de la noblesse, les hommes les plus remarquables dans la magistrature, la politique et l'ancienne armée de France. Leurs biens avaient été vendus, leurs châteaux livrés aux flammes, et les cendres de leurs aïeux jetées au vent; mais ils étaient peu sensibles à ces pertes. Une seule chose les préoccupait, les malheurs de la France; et pour y mettre un terme, chargés du sac, l'arme au bras, ils soutenaient les fatigues militaires avec la patience du simple soldat et l'énergie des héros.

M. Rusand trouva là des sentiments conformes aux siens : il y fut accueilli avec transport; car le camp de Condé était une réunion de personnes honorables, et la présence d'un homme de bien fait toujours tressaillir de joie ceux qui aiment et qui savent apprécier la vertu. M. Rusand dans sa jeunesse était plein de résolution et d'activité; aussi l'on admirait son courage et son intrépidité sur le champ de bataille, tandis qu'en société ses manières affables et prévenantes lui gagnaient l'affection et les égards des plus grands personnages.

On avait besoin dans l'armée d'un homme intègre dont la probité donnât des assurances et servît de caution. Il s'agissait d'établir une banque correspondant avec l'Angleterre pour assurer la subsistance des soldats royalistes, et leur procurer des ressources plus abondantes. M. Rusand mérita d'attirer sur lui les regards des nobles chefs de l'armée, qui lui offrirent la direction de cette banque. Une place si avantageuse conduisait à la fortune; un homme moins désintéressé aurait dit : « Je n'ai rien demandé, la Providence me sert admirablement; je vais en profiter. » M. Rusand fit preuve en cette circonstance d'une générosité au dessus de tout éloge et digne du plus noble cœur. « Je ne suis pas venu ici, répondit-il, pour traiter mes intérêts personnels, mais pour m'occuper des affaires de mon pays et repousser les armées de la république. » Et il désigna un de ses compatriotes, qui recueillit dans cette place une fortune considérable.

Cette action retentit dans tout le camp, et acheva de confirmer la haute idée qu'on avait de M. Rusand. La princesse douairière de Monaco, qui comme tant d'illustres infortunés était venue chercher sur la terre étrangère asile et protection, se trouvait alors dans l'armée de Condé. On sait le noble dévouement de cette princesse, qui vendit ses diamants et ses bijoux pour subvenir à l'entretien de l'armée. Aussi sa vertu, sa générosité, la noblesse de ses sentiments et de son nom lui gagnèrent le cœur du prince de Condé, qui l'épousa quelques années après en Angleterre. Or cette princesse, charmée de tout ce qu'on disait des qualités aimables du jeune Lyonnais, voulut l'avoir à sa table; elle aimait surtout à l'entretenir sur le siége de Lyon, et à l'entendre raconter les actions héroïques de ses concitoyens.

Cependant les bonnes intentions des puissances alliées se refroidissaient. Déjà Wurmser avait à contre-temps rétrogradé devant l'armée républicaine, et un ordre du cabinet d'Autriche venait de forcer le comte de Provence à quitter l'armée du Rhin quand le traité de Léoben acheva de briser les espérances des royalistes. Condé alla chercher un asile en Russie à la cour de l'empereur, tandis que l'armée des princes français, réduite à occuper le palatinat de Wolhynie, languissait dans le repos et l'inaction. M. Rusand, mécontent de cet état d'incertitude, résolut de rentrer en France, où des jours meilleurs semblaient se lever. En effet les grands coupables dont la justice divine s'était servie pour être les instruments de ses vengeances, après avoir brisé les sceptres et moissonné les victimes, avaient été frappés eux-mêmes par la verge de Dieu. Les lois iniques décrétées contre les émigrés, les prêtres et le culte catholique, venaient d'être abolies par le corps législatif, grâce à l'énergique parole de quelques députés ennemis de la tyrannie et du désordre, parmi lesquels il faut compter M. Camille Jordan, notre compatriote, l'ami intime de l'homme honorable dont nous écrivons la vie.

M. Rusand profita de cet instant de calme pour revenir au pays de ses pères; mais qui pourrait dire les sentiments divers qui agitaient son âme? à mesure qu'il approchait du terme de sa course que d'espérances! que de craintes! il va revoir sa terre natale; mais sa mère, la retrouvera-t-il? Il sait que des milliers de victimes sont tombées sous le fer des tyrans: ne fut-elle pas de ce nombre? Cette incertitude déchirante le bouleversait quand il mit le pied dans les murs de Lyon. Là de toutes parts gisaient des ruines amoncelées; le marteau du régicide Couthon avait frappé au nom de la loi, et dix-sept cents maisons, les plus belles de la ville, étaient tombées. Les églises fermées servaient de magasins et d'entrepôts. Un morne silence régnait sur les quais jadis si fréquentés et si bruyants, et toutes les figures portaient l'empreinte de la tristesse et de la désolation. M. Rusand n'ose interroger personne; il essuie ses larmes, et se précipite dans la demeure où il laissa sa mère. Existe-t-elle encore?... Il frappe... O bonheur! il la revoit pleine de vie... Après les épanchements de la piété filiale M. Rusand, qui ne pouvait vivre sans agir, sans faire du bien et se rendre utile, réunit des ouvriers sûrs et fidèles, et se livre à l'impression de quelques ouvrages de piété. Sa religion éclairée lui fit choisir ceux qui pouvaient ramener l'espérance aux cœurs des Lyonnais, leur inspirer de la confiance au secours du ciel, et leur faire goûter les avantages de l'adversité et des souffrances; puis il les fit distribuer dans la ville en silence et en secret, pour ne point réveiller les susceptibilités des représentants du directoire, qui, semblables à des criminels qu'un léger bruit effraie, prenaient ombrage du moindre signe de retour au bien comme d'un mouvement contre leur autorité.

Les idées d'ordre, de justice et de morale ne purent prévaloir. Les démagogues ne voyaient pas sans frémir une réaction en faveur du bien; ils remuèrent les masses, ils provoquèrent des insurrections contre le parti modéré. Bientôt le conseil des cinq cents est dispersé; les lois injustes et tyranniques sont rétablies, et les cachots regorgent de citoyens honnêtes et recommandables; mais les coups et les efforts des méchants se dirigent surtout contre les ministres de la religion. M. Rusand fut pour ceux de Lyon comme une Providence amie et tutélaire; il les aidait de ses moyens, les cachait dans sa maison ou dans celle de ses amis. Il savait ce que le clergé avait fait dans tous les temps pour soulager tous les genres de misère: il comprenait que le prêtre ayant tout quitté, parents et amis, pour se livrer à l'exercice de son ministère, et se trouvant ainsi isolé dans le monde, quelqu'un devait venir

à son aide, lui offrir un abri et un soutien ; il comprenait surtout que le clergé étant le dépositaire de
la doctrine de Jésus-Christ, qui avait pris le monde
à son agonie et l'avait ranimé au flambeau de la
foi, lui seul aussi pouvait rendre aux ossements
arides qui couvraient la France l'intelligence et la
vie.

Or en veillant ainsi à la conservation du clergé
M. Rusand fut un bienfaiteur pour ses concitoyens :
car ces prêtres qui osèrent rester au milieu de nous,
malgré les coups de la tempête et les persécutions
des tyrans, ne cessèrent de porter les consolations
de la religion au peuple consterné et gémissant sous
le poids de l'affliction ; ces mêmes prêtres qu'il
avait arrachés à la mort se trouvèrent tout prêts,
dès que le moment de l'épreuve fut passé, à purifier
les pierres du sanctuaire, à relever les autels, à
rendre au culte catholique une partie de ses anciennes splendeurs.

Sur ces entrefaites Bonaparte arriva au consulat ;
aussitôt sa main vigoureuse saisit la France sur la
pente du précipice, et l'arrêta pour l'aider à respirer
après une longue et pénible course à travers les
bouleversements et les ruines. Les conseils généraux
se réunirent pour indiquer le principe du mal, pour
en obtenir le remède, et les églises furent ouvertes.
M. Rusand profita de ce nouveau calme pour dé-
ployer toute l'énergie de son zèle : nommé fabricien

de l'église de Saint-Nizier sa paroisse, il mit tout en
œuvre pour y ramener la décence et la majesté des
anciens jours. Jusqu'à la fin de sa vie il fut membre
de cette fabrique de Saint-Nizier, et tous les ecclé-
siastiques de cette église n'ont cessé de proclamer
que par son zèle et sa générosité il en a été l'ange
protecteur, comme il en était le modèle par ses
vertus et sa piété.

Les révolutionnaires dans leurs saturnales avaient
pillé les temples et brûlé ou détruit les objets né-
cessaires à l'exercice du culte. M. Rusand s'empressa
de réimprimer les livres de chant et de liturgie. Il
savait mieux que personne combien les églises
étaient pauvres, et quels risques il courait de perdre
ses avances; mais cette considération ne l'arrêta
pas; « car, disait-il, c'est pour Dieu que je tra-
vaille. » Nous verrons dans la suite qu'il ne compta
pas en vain sur la protection du ciel, et qu'il fut
amplement dédommagé de tous ses sacrifices.

Déjà il s'était cherché une compagne qui l'aidât à
porter plus facilement les peines de la vie et les
sollicitudes des devoirs domestiques : on put recon-
naître encore dans cette occasion la pureté et l'élé-
vation de ses vues. Il voulait trouver dans celle qu'il
allait associer à sa destinée non seulement les conve-
nances d'humeur et de caractère, mais aussi et surtout la vertu unie à une piété solide, et il eut le
bonheur d'y réussir. En 1798 son choix se fixa sur

mademoiselle Marie-Anne Boin de Beaupré, origi-
naire de Sainte-Lucie, qui réunissait aux grâces du
bel âge de grandes espérances de fortune. A la vérité
des événements imprévus frustrèrent ces espérances;
mais M. Rusand chérissait son épouse pour ses
vertus, et non pour la fortune qu'il devait en atten-
dre : son affection ne fut point altérée de ce contre-
temps; il lui prodigua toujours les mêmes soins,
la même tendresse. Treize enfants furent le fruit
de cette union.

Le chrétien doit toujours être prêt à porter la
croix dans ce monde : deux ans après son mariage,
M. Rusand fut de nouveau rudement éprouvé. La
tombe s'ouvrit et se ferma sur une personne qui lui
était bien chère : sa mère mourut le 16 décembre 1800. Cette perte fut vivement sentie ; mais il
trouva dans le souvenir des vertus de la défunte, et
dans l'espérance de la revoir un jour pour ne plus
la quitter, une consolation à sa douleur. D'autres
consolations lui étaient réservées, celles que lui
procuraient les bonnes œuvres dont il ne cessa de
s'occuper à toutes les époques de sa vie.

Le calvaire de Lyon était en ruines : M. Rusand
contribua beaucoup à son rétablissement. Ce mo-
nument religieux fait honneur au goût et à la générosité de ceux qui l'élevèrent. Les statues sont en
marbre blanc d'Italie et dignement exécutées. Grâce
donc à MM. Rusand, Guillot et Frère jean, les Lyon-

nais peuvent, dans un lieu convenable et décent, aller méditer la Passion de Jésus-Christ et se consoler des misères de la vie.

. Le culte était rétabli ; mais le clergé manquait de sujets pour remplir le vide immense qu'avait fait dans ses rangs la hache révolutionnaire. Un petit nombre des prêtres échappés à la tourmente restaient seuls, et ne pouvaient suffire aux besoins d'un diocèse aussi vaste que celui de Lyon. D'autre part les séminaires, devenus biens nationaux, ayant été vendus, il ne restait aucun local assez vaste pour recevoir les jeunes gens qui montraient des dispositions à l'état ecclésiastique. M. Rusand rendit au diocèse dans cette circonstance un service immense. Dans ses rapports de société il avait eu occasion de rencontrer quelquefois le propriétaire de l'ancienne abbaye de l'Argentière : il résolut d'obtenir de lui qu'il se défît de cette propriété en faveur du diocèse. Il commença donc à gagner sa bienveillance par ses bons procédés ; puis il l'invita à sa table, le combla de politesses, lui fit entendre qu'un particulier ne pourrait tirer parti de cette maison que très difficilement et à grands frais ; qu'il ferait bien mieux de l'aliéner, puisque tout en trouvant son profit il contribuerait à une bonne œuvre. Ces raisons furent présentées avec tant d'adresse et d'à-propos qu'elles obtinrent un triomphe complet. Le propriétaire donna sa parole ; M. Rusand courut à l'Archevêché, et l'Argentière fut rachetée.

M. Jauffret, alors vicaire général, se montra aussi délicat que généreux ; il fit stipuler dans le contrat de vente que pendant sa vie M. Rusand aurait dans la maison un appartement à sa disposition, et le droit d'y passer quelques jours chaque année. Cet acte, déposé dans les cartons du secrétariat, sera un témoignage permanent du zèle de M. Rusand, et le recommandera à jamais à la reconnaissance du clergé de Lyon.

Les Frères des écoles chrétiennes, après avoir été repoussés pendant les jours mauvais, avaient reparu à la suite du clergé dans nos murs ; mais ils manquaient de tout, et le bien qu'ils auraient pu faire eût été retardé longtemps encore. M. Rusand vint à leur aide ; il s'empressa de former une société d'hommes religieux et charitables, qui par les sacrifices qu'ils s'imposèrent contribuèrent à subvenir aux premiers besoins de ces religieux et à la formation de leurs écoles.

Pour apprécier le service que rendit M. Rusand dans cette œuvre, rappelons-nous que le peuple étant destiné par la Providence au travail, il est important que dès ses premières années on l'accoutume à ce sacrifice de tous les jours, et qu'on lui en donne des motifs puisés dans la foi ; or qui mieux que les Frères pourrait y réussir ? car les Frères joignent l'exemple aux préceptes. Ne vivent-ils pas constamment de modestie, d'humilité, de pauvreté et d'abnégation? Un peuple élevé par eux aura de la foi et des mœurs, il sera religieux ; s'il est religieux, il consolidera la puissance du gouvernement par son obéissance et sa soumission. Si au contraire on ne lui apprend dès l'enfance à connaître ni les dogmes que proclame la religion ni les devoirs qu'elle impose, si on le nourrit de doctrines qui le poussent à l'anarchie en lui prêchant ses droits et sa souveraineté, il brisera le frein moral qui n'est rien pour l'incrédule, pour l'impie, pour l'homme devenu matière ; il abusera de sa force brute, la seule qu'il connaisse, et tôt ou tard il bouleversera l'ordre social, dût-il s'ensevelir sous ses ruines ! M. Rusand savait tout cela beaucoup mieux que les hommes d'état et les publicistes de son temps ; son cœur tout chrétien le lui avait appris, même avant les leçons de l'expérience qu'il avait sous les yeux. Aussi ne cessa-t-il jamais de protéger l'œuvre des Frères de la doctrine chrétienne, et en 1835 il contribua puissamment avec M. de Verna à décider l'acquisition du vaste et beau local formant autrefois l'établissement des Lazaristes pour y placer le noviciat des Frères, dont la santé souffrait dans la maison du *Petit-Collège*, trop humide et trop étroite.

M. Rusand prit encore une part bien active à une autre œuvre éminemment utile. Il s'agissait de soustraire au vagabondage les enfants des pauvres, en les plaçant dans une maison de retraite où ils apprendraient un état, et se prépareraient, par la connaissance de la religion et par la pratique des vertus qu'elle inspire, à résister un jour aux mauvais exemples qu'ils devaient rencontrer dans les ateliers, presque partout si pleins de corruption et de désordres. Dans ce dessein M. Rusand se joignit à M. Frangin, alors curé de Saint-Just, à M. Frèrejean et à quelques autres personnes dévouées au bien public. Ils achetèrent l'ancien cloître des Minimes, et parvinrent à y réunir quatre-vingts enfants. Cet établissement, qui se soutint avec succès pendant quinze ans, pouvait donner des résultats très avantageux aux mœurs de la classe ouvrière; mais la Providence permit qu'il ne subsistât pas au-delà de l'année 1826.

Sous l'empire, malgré la diversité des opinions politiques, M. Rusand se conduisit avec dignité : il avait ses principes, il ne les renia jamais, il ne les dissimulait même pas; et si quelquefois il combattait les principes contraires aux siens, c'était toujours par des moyens honorables, qui ne pussent affaiblir ni les rapports de la société civile ni ceux de la charité chrétienne.

Bonaparte, qui avait compris le mal que la presse délivrée de toute entrave peut et doit faire dans un état, exerça sur elle une surveillance exacte et sévère, mais conséquente et logique dans un gouvernement qui veut vivre. M. Rusand se soumit toujours avec patience et résignation aux visites qui furent faites dans sa librairie.

Le cardinal Fesch, qui connaissait ses affections pour la famille royale, ne lui offrit d'abord aucun avantage ni aucune part dans ses faveurs ; il confia même en premier lieu l'impression de ses mandements et de ses circulaires à un autre libraire de la ville : mais quand il eut appris les services éminents que M. Rusand avait rendus et rendait encore à la religion, quand après l'avoir vu de près il apprécia sa loyale franchise, sa modération, son noble désintéressement, le cardinal, juste appréciateur du mérite, lui accorda la confiance la plus étendue, et se plut toujours à lui donner des marques d'estime et d'affection, jusque là qu'à son départ de Lyon, en 1814, il lui confia le soin et la garde de sa bibliothèque pour la soustraire au pillage de l'étranger.

Jusqu'à la fin de sa vie M. Rusand conserva avec les hommes de tous les partis des rapports affectueux, et se concilia leur estime. Lorsque les Bourbons revinrent de leur exil pour remonter sur le trône de France il salua leur retour avec joie. Comme Français, il resta calme et modéré ; comme chrétien, il vit dans cet événement non pas simplement le triomphe d'un parti et la chute d'un autre, mais un acte de la Providence, qui règle et dirige toutes choses dans le monde soit pour éprouver, soit pour ré-

compenser ou punir. Ce fut alors qu'il reçut des té-
moignages bien flatteurs de l'estime que ses qualités
lui avaient acquise parmi les nobles personnages
qui l'avaient connu dans l'émigration, et qui s'étaient
plu à vanter son mérite.

L'illustre comte de Maistre, dont la grande âme
se passionnait si vivement pour tout ce qui était
bon et généreux, lui remit le droit exclusif d'imprimer ses œuvres comme un gage de la considération qu'il lui portait.

Le souverain pontife, instruit de tout ce que
M. Rusand avait fait pendant la persécution pour le
clergé et la religion, s'empressa de lui en témoigner
sa satisfaction en le nommant son banquier et son
correspondant. La décoration de l'*Éperon d'or* était
jointe au bref de Pie VII. Il reçut ces faveurs avec
reconnaissance et bonheur ; car sa foi lui montrait
Jésus-Christ les lui remettant par la main de son
vicaire, non pas précisément pour récompenser ses
mérites, mais pour encourager son zèle. Aussi ré-
solut-il de redoubler d'efforts pour le bien ; mais par
modestie il ne porta jamais la décoration romaine.

Le gouvernement français voulut aussi récompenser sa conduite courageuse tant au siége de Lyon
qu'à l'armée du Rhin, et la constance qu'il mit toujours à conserver les principes de sa conscience politique. On lui offrit des lettres de noblesse et la
croix de la légion d'honneur. Il refusa tout ; car il

n'avait jamais fait le bien pour obtenir les honneurs, les titres, le crédit ou la faveur. Cependant pour répondre à des offres si obligeantes et si honorables il demanda le titre d'imprimeur du roi, et continua modestement son commerce.

A cette époque la France jouissait d'une sorte de sécurité, et le mouvement commercial était immense. M. Rusand, qui avait acquis la propriété d'un grand nombre d'ouvrages importants, vit ses relations s'accroître d'une manière étonnante. Les évêques de France lui adressaient presque tous leurs demandes, et il faisait constamment des envois dans les états étrangers, de sorte que sa maison devint l'une des plus importantes de l'Europe. Il méritait cette confiance, car jamais il ne dépassa la ligne qu'il s'était tracée, jamais on ne vit sortir de ses imprimeries un livre tant soit peu suspect et où la morale et la religion ne fussent soigneusement respectées. On cite des traits qui font honneur à sa délicatesse sur ce point. Un de ses ouvriers, qui conservait encore l'esprit d'impiété des mauvais jours, avait dans toute la suite d'un livre de piété détourné à dessein une lettre de sa place naturelle, afin d'exprimer un mot indécent et de troubler ainsi les cœurs purs et chastes. M. Rusand ne permit pas que l'ouvrage vît le jour; on le livra aux flammes, et la perte fut de vingt-cinq mille francs. Dans une autre occasion un libraire, qui savait quel crédit le nom de M. Rusand pouvait donner à une publication, se permit à son insu d'accoller à son propre nom ce nom révéré, sur le frontispice d'un assez mauvais ouvrage qu'il venait d'imprimer. M. Rusand, averti par les annonces de la librairie que cet ouvrage se trouvait chez lui comme chez son confrère, en fut consterné, et sa douleur s'exprima par des larmes amères. C'était trop peu pour prévenir ou arrêter le scandale : il n'eut pas de repos qu'il n'eût fait publier par les journaux qu'on ne trouvait dans ses magasins ni le mauvais ouvrage faussement publié sous son nom, ni aucun autre qui pût être le moins du monde hostile à la foi ou aux mœurs. Sa réputation était depuis longtemps faite à cet égard, et l'on peut dire que sa maison fut toujours comme un arsenal sûr où le clergé pouvait venir puiser la science, le fidèle les consolations de la religion, les preuves de sa foi, et celui qui ne croyait pas la réfutation et l'éclaircissement de ses erreurs et de ses doutes.

A mesure que les temps devenaient meilleurs les maisons religieuses se multipliaient dans Lyon. M. Rusand fut encore un des hommes qui concoururent davantage à leur établissement, soit par ses démarches en leur faveur auprès de l'autorité ecclésiastique et civile, soit en les aidant de ses largesses, soit en plaidant leur cause auprès de ses amis dont la charité et la bienfaisance lui étaient connues. Après

Dieu, disait la prière des Trapistines de Vaise,
c'est à M. Rusand que nous devons le succès et la
vie de notre maison. M. de Magallon, prieur des
Frères de Saint-Jean-de-Dieu, écrivait qu'on ne per-
drait jamais dans son ordre la mémoire de M. Rusand. On peut le dire, il est peu de communautés
dans notre ville qui ne connaissent les effets de
sa générosité, qui ne le comptent au nombre de
leurs principaux bienfaiteurs; et parmi elles ne de-
vons-nous pas citer encore la célèbre maison de la
Férandière? En travaillant à y établir les dames du
Sacré-Cœur on peut dire que M. Rusand a rendu
un service inappréciable aux familles chrétiennes
non seulement du Lyonnais et du Dauphiné, mais
aussi de toutes les provinces limitrophes.

L'importance de ces actes d'un zèle si actif et si
généreux, de la part surtout d'un laïque engagé
dans le monde, est malheureusement peu com-
prise à une époque où chacun s'agite dans un abîme
de désirs ambitieux, où les intérêts matériels de la
société préoccupent exclusivement les esprits; mais
au fond il y a un bien social immense dans les éta-
blissements religieux. Ne faut-il pas des lieux de retraite et de paix où l'homme, désenchanté des plaisirs et des affections terrestres ou courbé sous le
poids des années et des douleurs, puisse trouver un
refuge pour calmer dans la méditation d'une vie
future les chagrins de la vie présente, et se sous-

traire au désespoir et au suicide? Ne faut-il pas de
pieux asiles où des âmes pures et innocentes puis-
sent se dévouer, les unes à la solitude, à la péni-
tence et à la prière, les autres aux diverses œuvres
de miséricorde, aux soins que réclament de la charité l'enfance et la vieillesse, au soulagement de
toutes les maladies, de toutes les infirmités hu-
maines, enfin à la plus précieuse et peut-être à la
plus pénible de ces œuvres, à l'éducation chrétienne
de la jeunesse? (1)

On pourrait croire, en voyant M. Rusand si fort
occupé d'intérêts généraux et d'actions extérieures,
qu'il ne donnait rien aux détails de son intérieur,
et qu'il avait peu d'attrait pour les soins domestiques; mais on se tromperait. Fidèle aux moindres
devoirs, il n'oubliait aucune de ses obligations; son
épouse avait toujours un souvenir dans sa pensée;
il cherchait à la rendre heureuse et à lui plaire, non
par quelques démonstrations éparses offertes çà et
là dans la vie, mais par l'expression sans cesse re-
nouvelée des sentiments les plus affectueux et les
plus tendres.

(1) Les anciennes chroniques citent une parole d'un grand prince
qui répond aux préjugés qu'on s'est formés à ce sujet. La flotte de
Philippe-Auguste fut assaillie par une violente tempête; c'était
durant la nuit. Le roi demanda aux matelots quelle heure il était.
« Il est, répondirent-ils, autour de minuit. — Soyons donc tran-
quilles, reprit le roi; car mes amis de l'ordre de Cîteaux sont le-
vés pour chanter Matines et prier pour nous. »

Ses enfants, eux aussi, eurent une large part dans le cœur paternel. Dès leurs premiers ans il les réunissait le soir au foyer domestique, les portait à la sagesse et à la vertu par des paroles vives et touchantes, par les exercices de la religion faits en famille et surtout par l'exemple de sa piété franche et solide; puis quand leur âge demandait une instruction plus développée, il ne les confiait qu'à des personnes d'une vertu éprouvée et connues par leurs succès dans la science si difficile de l'éducation.

Tant de vertus et de bonnes actions attirèrent sur sa maison la récompense souvent accordée dès ce monde à l'homme vertueux : sa fortune prit un accroissement rapide et brillant ; il donnait à Dieu, est-il étonnant qu'il recueillît au centuple? Dieu se plaît souvent à enrichir les hommes généreux ; car ils sont sur la terre les instruments de sa miséricorde et les dispensateurs des secours qu'il envoie aux pauvres et aux malheureux. M. Rusand ne changea pas de mœurs dans la prospérité ; toujours simple et modeste dans ses goûts, dans ses rapports, il n'usa des richesses qui s'accumulaient chez lui que pour donner à ses nombreux enfants un sort plus honorable et aux indigents des secours plus abondants ; et pendant tout le reste de sa vie il ne cessa de se rendre utile chaque fois qu'il en trouva l'occasion : en voici un exemple entre beaucoup d'autres. Le célèbre P. de Maccarthy, jésuite, allant de

Lyon à Strasbourg, perdit la malle qui contenait ses sermons et des papiers précieux. M. Rusand, instruit de cet accident, comprit la perte immense que ferait la religion si ce trésor d'éloquence chrétienne restait à jamais perdu. Aussitôt il écrit à l'illustre orateur, lui demande une procuration, et lui promet de mettre tout en œuvre pour découvrir ses effets; puis il se hâte d'envoyer à cette recherche un de ses domestiques, homme intelligent et discret, et au bout de quelques jours la malle est retrouvée. Voici un passage de la lettre que le P. de Maccarthy adressa à M. Rusand pour lui témoigner sa reconnaissance : « Je rends grâces, dit-il, à la divine Providence, de qui viennent tous les biens, et « à vous, mon cher Monsieur, qui avez mis tant « d'activité et d'empressement à faire courir après « mes effets perdus. C'est pour moi une grande consolation d'avoir recouvré mes sermons et mes autres papiers; je n'oublierai jamais que je vous les « dois. » Si donc les sermons du P. de Maccarthy sont entre nos mains, si nous possédons un modèle de plus de la véritable éloquence de la chaire, c'est à M. Rusand que nous en sommes redevables. Qu'il en soit à jamais béni au nom de la religion et de l'honneur sacerdotal! On pourrait citer mille traits semblables, si sa modestie n'avait pas jeté un voile impénétrable sur une grande partie du bien qu'il a fait.

Ses jours s'écoulaient ainsi dans un travail assidu
et une continuelle attention sur les misères et les
besoins de ceux qui l'entouraient, quand la mort
vint donner un rude coup à son âme en lui ravis-
sant une compagne qui lui avait aidé à traverser le
désert aride de la vie. Nous ne citerons de cette ver-
tueuse épouse qu'un trait isolé que nous tenons de
la bouche même de M. Rusand. Non contente des
pratiques ordinaires de la piété chrétienne, elle portait la mortification jusqu'à l'austérité, et si secrète-
ment que ce fut une occasion fortuite qui la trahit
quelques années avant sa mort. Déjà affaiblie, moins
cependant par l'âge que par les fatigues, mais ne se
plaignant de rien, elle tomba un jour évanouie et
perdit toute connaissance. Son mari, qui se trouvait
seul présent, courut à son secours, et au milieu des
soins qu'il se donnait pour la faire revenir à elle-
même il découvrit sur son corps une ceinture de
fer hérissée de pointes aiguës qui lui entraient dans
la chair ; il se hâta de l'enlever, et la garda depuis
comme un précieux souvenir. Ce fut dans le cou-
rant de 1834 que M. Rusand perdit sa respectable
épouse. La douleur qu'il en ressentit fut grave, pro-
fonde, mais sans éclat, comme la douleur d'un
chrétien. Dans tous les malheurs et les infortunes
qui vinrent souvent abreuver son cœur d'amertume,
il avait pris le sage parti de chercher le remède plus
haut que la terre, et il sentait toujours la consola-

tion et la force lui arriver. C'est qu'en effet les pensées s'ennoblissent, les peines se calment et l'énergie se ranime dans l'homme qui regarde le ciel. Quelque temps après cette perte, qui laissa l'âme de M. Rusand dans l'isolement et dans la tristesse, l'âge, qui ne lui laissait plus l'activité nécessaire pour soutenir un commerce aussi étendu que celui qu'il avait fondé, le fit songer à se retirer des affaires. Il remit son fonds à des hommes de mérite et d'honneur, dont les vues religieuses et les vertus bien connues lui faisaient espérer de voir après lui dans sa maison continuer la ligne des principes qu'il avait adoptés et suivis.

Puis il alla se renfermer dans la solitude des champs. Les hommes sages et modérés ont toujours aimé le calme et la tranquillité; c'est qu'ils trouvent le bonheur au fond de leur âme, et que dans la solitude et le silence ils sentent mieux les inspirations célestes et les douceurs ineffables de la divinité qui se communique aux cœurs innocents et purs.

M. Rusand semble avoir révélé sa pensée intime dans la position et l'ordre de sa nouvelle demeure. Tout près de Lyon, sur les bords riants de la Saône, et au-dessus de l'île Barbe, s'élève une maison de campagne agréable et commode, mais sans magnificence et sans faste. Un cyprès étend à l'entrée son ombre hospitalière, comme un refuge présenté au voyageur fatigué de sa course. Sur les murs de la première terrasse sont des fresques représentant des sujets religieux, puis une chapelle ornée avec goût et simplicité. « C'est là, disait M. Rusand, qu'habite le maître de ces lieux, mon protecteur, ma sauvegarde, mon conseil, ma consolation. » Plus loin, quelques bosquets et des allées de verdure ; dans le fond, une Madone en perspective : enfin une autre terrasse d'où la vue domine un coteau riche et brillant, et plonge sur les eaux de la Saône, qui coulent doucement aux pieds du spectateur. Le coteau fait aimer la vie par sa fécondité, la rivière en détache, en rappelant que les jours de l'homme passent comme les ondes qui se succèdent les unes aux autres et s'avancent incessamment vers l'immensité des mers.

C'est là que M. Rusand vint reposer ses vieux jours et délasser son esprit fatigué du bruit et du tumulte de la terre. Tout entier à ses réflexions et à ses devoirs religieux, il se dédommageait par de plus longues prières du temps que les affaires et le négoce l'avaient empêché de consacrer spécialement à son créateur. Cette simplicité aimable et délicate qui plaît tant dans le commerce de la vie, M. Rusand la portait dans ses pratiques de religion. On le vit, malgré sa vivacité naturelle, se fixer l'emploi des différentes parties de la journée. Jamais il ne manquait l'oraison, la sainte messe, l'examen de conscience. Le soir il rassemblait ses gens dans la chapelle que le souverain pontife Pie VII avait enrichie de grands priviléges, et là il leur faisait une lecture édifiante ; ou bien, laissant son âme s'épancher, il leur donnait des avis, les exhortait à la patience, à la douceur, à l'amour de Dieu et du prochain ; et ses paroles, toutes pleines d'onction, avaient fait de tous ceux qui composaient sa maison comme les membres d'une même famille.

Rien ne troublait son paisible repos ; il était sourd au bruit et aux intrigues du monde. Les cris de l'infortune qui demandait secours ou services pouvaient seuls l'arracher à sa retraite. Ses amis (car sa vertu lui avait valu le rare bonheur d'en avoir) venaient de temps en temps passer quelques heures avec lui ; et ces réunions, qui n'avaient jamais pour but la satisfaction des sens, finissaient toujours par des résolutions ou des mesures prises en faveur d'une bonne œuvre à perfectionner ou à établir.

Cependant la mort de son épouse et l'éloignement de ses enfants, qui s'étaient successivement établis, le laissaient dans un isolement auquel il ne s'accoutumait point ; car il est difficile, surtout quand on a longtemps vécu dans l'agitation des affaires, de ne pas sentir le besoin d'une personne amie, d'une autre soi-même, près de laquelle on puisse déposer ses pensées les plus intimes, et décharger le poids des ennuis ou des peines inséparables de la vie. M. Rusand, après avoir consulté et prié, crut devoir penser à une seconde alliance, et chercha encore la vertu et le mérite. Cette nouvelle union lui fut avantageuse sous tous les rapports; car, outre les secours dont il avait besoin pour achever la liquidation de ses affaires, il trouva dans sa compagne des soins assidus, des prévenances affectueuses et un caractère en harmonie avec le sien.

Il aimait surtout à s'entourer de ses petits-fils. L'innocence et la candeur de cet âge charmaient son cœur, parcequ'il voyait en eux d'autres lui-même qui perpétueraient sa mémoire. Il prenait plaisir à les voir jouer; il se mêlait à leurs amusements, à leurs conversations; il leur inspirait la confiance et le respect, et tout en leur donnant des preuves de sa bonté il savait glisser à propos quelques maximes de morale ou de religion; alors on remarquait en lui quelque chose de si vénérable, qu'on ne pouvait se défendre d'un sentiment d'admiration et d'attendrissement.

Cette affection qu'il portait à l'enfance lui faisait ouvrir chaque année les portes de sa maison aux élèves du séminaire de Saint-Jean. Ce jour était pour ces jeunes gens le jour par excellence, le jour de joie et de jubilation; longtemps d'avance on en parlait; puis, quand à la belle saison le soleil se levait un matin pur et sans nuages, on se dirigeait vers Collonges : les cœurs y volaient, l'allégresse s'échappait en transports. Les élèves de rhétorique avaient préparé quelques vers qu'on adressait à l'hôte bienfaisant : celui-ci les écoutait avec modestie et satisfaction ; il accueillait la troupe joyeuse avec tant d'aisance et d'aménité qu'il semblait qu'il eût passé sa vie au milieu des enfants ; lui-même il faisait les dispositions et les apprêts de la fête, distribuait les jeux, offrait des rafraîchissements ; et le soir au départ les larmes accompagnaient les adieux. « A l'an prochain, mes amis, » leur disait-il ; et les rives de la Saône portaient au loin le cri : « *Vive M. Rusand !* »

Touchés jusqu'au fond de l'âme de tant de bienveillance, ces enfants ont toujours conservé pour lui affection et reconnaissance. Un jour, il nous en souvient, on était à la promenade quand sa voiture vint à passer. Soudain les rangs sont rompus; tous se précipitent et entourent la voiture ; chacun voulait le voir, en être vu, comme si de son regard partait une bénédiction. Quand on leur apprit sa mort, ce fut un deuil général ; aussitôt ils s'empressèrent auprès de leur supérieur pour solliciter la permission d'assister à ses funérailles. Des raisons particulières mirent obstacle à la disposition où l'on était de satisfaire leur empressement ; mais ils se dédommagèrent le lendemain à la messe qui fut célébrée dans la maison pour le repos de son âme. On les vit, pleins de modestie et de respect, prier avec ferveur, comme s'ils eussent perdu un parent ou un ami. Voilà l'impression que M. Rusand laissait dans l'âme des jeunes enfants ; doit-on s'étonner si sa mort a déposé des regrets si amers dans le cœur de ceux qui ont longtemps étudié et apprécié ses excellentes qualités?

Tout semblait lui promettre encore de longues années, quand une maladie sérieuse dès le principe vint en arrêter le cours : il en ressentit les premières atteintes dans la nuit du 20 au 21 novembre 1839, qui suivait immédiatement son retour de la campagne à la ville. Il se leva néanmoins pour aller entendre la messe à Saint-Jean et y communier en l'honneur de la Mère de Dieu, dont ce jour-là on célébrait la présentation ; car il ne laissait passer aucune des fêtes de la Vierge immaculée sans approcher de la sainte table. Cet acte de courage, surtout dans une saison froide, ne pouvait qu'aggraver le mal : c'est ce qui arriva. De retour chez lui et ne pouvant plus dissimuler son état, il se mit au lit avec la pensée qu'il était frappé à mort. A la nouvelle qui s'en répand sa famille et ses nombreux amis se troublent, s'agitent et s'empressent ; on accourt pour apprendre ce qu'il faut craindre ou espérer, et de tous côtés on prie pour la conservation d'une vie si précieuse. Mgr. de Pins, qui l'avait toujours honoré de son estime et de son affection, vint aussi le visiter, et la bénédiction du vénérable prélat fut pour le malade une source abondante de consolation et de joie spirituelle.

Son épouse et ses enfants croyaient encore pouvoir se livrer à l'attente d'un rétablissement, lorsque tout à coup la maladie prit un caractère si alarmant qu'il ne resta plus aucun espoir. Le malade seul n'en fut point affecté. En proie à des douleurs continuelles, on n'entendit ni murmure ni plainte sortir de sa bouche, et tous ceux qui lui donnèrent des soins purent admirer sa résignation, son calme et sa douceur. Cependant ses souffrances étaient horribles, elles allaient jusqu'à lui arracher des cris involontaires. Il prenait ces cris pour des signes de faiblesse, et craignait si fort de ne pas souffrir assez patiemment qu'il disait quelquefois au fidèle serviteur qui s'était dévoué à le garder jour et nuit : « Je ne sais si je dois demander à Dieu de prolonger ma vie ; car j'ai peur de n'avoir pas la force de supporter jusqu'à la fin avec patience les cruelles douleurs que j'endure. » Du reste ses pensées, ses affections furent jusqu'au dernier soupir celles du juste qui souffre en attendant le sommeil de paix. « J'espère en vous, mon Dieu, disait-il souvent, je ne serai point confondu. » Persuadé qu'un jour il lui faudrait tout quitter, il n'avait jamais attaché son cœur à rien de terrestre ; aussi parut-il toujours semblable à lui-même, sans trouble, sans préoccupation, sans faiblesse.

Dans le cours de sa maladie, qui fut de vingt-cinq jours, il reçut plusieurs fois, et spécialement le jour

de l'immaculée conception, le saint viatique, chaque fois avec un sensible redoublement de joie et
d'amour. Aussi l'entendait-on souvent s'écrier :
« Venez, ô mon Dieu, me tirer de l'exil ; il est juste
que je vous voie, puisque je l'ai si ardemment dé-
siré pendant ma vie. » Il n'était jamais si heureux
que lorsqu'en priant auprès de lui on exprimait
à haute voix ces pieux sentiments, ces désirs en-
flammés de l'éternelle possession de Dieu. On le
voyait alors, plein de ferveur, s'unir à des prières
qui loin de le fatiguer semblaient suspendre ses
douleurs et ranimer sa vie.

Enfin le 15 décembre, octave de l'immaculée
conception, arriva : c'était le jour où sous les aus-
pices de la reine de tous les Saints il devait remettre son âme, sanctifiée par soixante-douze années de bonnes œuvres, entre les mains de son
Sauveur. Toute la famille en larmes vint aux pieds
de son respectable père réclamer une dernière bénédiction. Il souleva sa tête, et fit entendre ces mots :
« Mes enfants, soyez pieux et vertueux. ... Adieu, je
vous bénis... bientôt je prierai pour vous dans le
ciel. » Ce furent ses dernières paroles.

Jamais, dit un témoin oculaire qui avait fait cent
vingt lieues pour le voir une dernière fois, jamais
je n'ai vu de spectacle plus touchant que celui de
sa mort. Lorsqu'après la bénédiction donnée à son
épouse et à ses enfants et petits-enfants on s'aper-

çut que le moment suprême approchait, on lui mit dans une main la croix de son chapelet et dans l'autre le cierge bénit, symbole de foi et d'amour, que deux personnes l'aidaient à soutenir. Un jeune dominicain espagnol, qu'il avait recueilli à sa maison de campagne, et qui l'aimait comme un père, l'assistait revêtu du surplis et de l'étole, et l'exhortait en latin faute de pouvoir s'exprimer en français; il invoquait la Mère de grâce et de miséricorde, il invoquait toute la cour céleste avec une ferveur angélique et une éloquence de cœur qui arrachait des larmes à tous les assistants. On vit clairement le moribond s'unir aux pieux sentiments de ce saint religieux jusqu'au moment où, sans secousse et sans aucune agitation, il s'endormit dans le Seigneur.

. . . .

. . . .

Ainsi vécut, ainsi mourut le digne M. Rusand. Il fut chrétien par conviction, ami sûr et fidèle, époux plein de tendresse, bon et excellent père. Ses parents ne lui avaient laissé qu'un médiocre patrimoine; et tout en multipliant ses bonnes œuvres il parvint à réaliser une belle fortune. Mais il laissa à ses enfants quelque chose de plus glorieux et de plus noble que les richesses, un nom environné d'estime et d'honneur, une réputation sans tache, les exemples d'une vie constamment chrétienne : c'est le plus beau des héritages.

Il fut inhumé près de sa première femme, dans la partie du cimetière de la ville réservée à sa famille. On aurait pu graver sur la pierre sépulcrale ces paroles de l'Écriture qui lui conviennent si bien : *Euge! serve bone et fidelis.... intra in gaudium Domini tui.* Courage! bon et fidèle serviteur... entrez dans la joie de votre Seigneur.

Sa mort a été un sujet de deuil pour ses concitoyens ; son souvenir, attaché à la plupart des bonnes œuvres de son époque, et profondément gravé dans tous les cœurs amis de la vertu, survivra à son trépas, en offrant dans sa personne un modèle à tous les âges et à toutes les conditions du monde.

FIN.